어머니의 가을

박선희 시집

오늘의문학사

❑ 첫 시집을 펴내며

지금
제게 파도처럼 밀려오는
부끄러움과 떨림을 무릅쓰고
용기를 내어

여기
조그마한 마음들을 담았습니다.
촌스럽고 투박합니다.

가까이에 존재하는
모든 것들이 시가 될 수 있다며
곁에서 용기와 격려를 주신
모든 분들께 진심으로 감사를 드립니다.

2011년 새봄 박선희

1 길을 위한 길

2 단식 명상

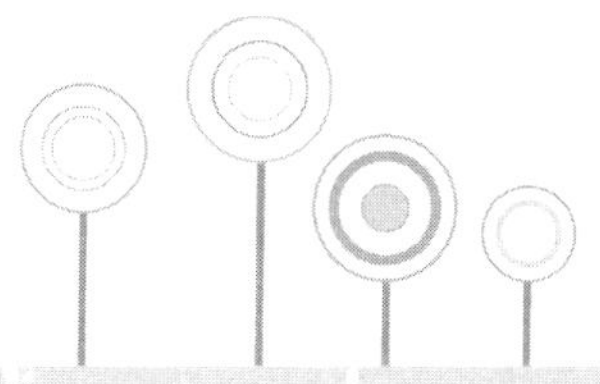

3 마음의 바다

4 책들에게 미안하다

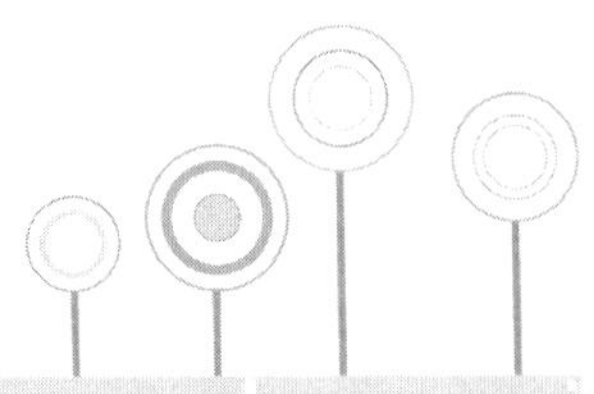

5 거울 속의 여자

6 바위손

제1부

길을 위한 길

은행 굽기

빈 우유팩 속에
햇 은행 몇 알 넣고
전자레인지의 버튼을 눌러
은행 굽기를 시작한다.
우유팩 속 은행은
회전판 위에서
텅 텅 폭발음을 내며
고약한 냄새를 토해낸다.
정해진 시간이 지나 회전판이 멈추고
다 익은 은행을 데구르르 쏟아내면
단단한 껍질이 쪼개지고
단추 구멍만한 껍질 틈새로
허물어진 속살이 삐죽 묻어나 있다.
호호 손을 불며
껍질 벗겨 접시에 담으면
탱탱한 비취빛 은행 속살에서
금방이라도 새싹이 돋을 것만 같다.

길을 위한 길

어떤 길도
원래부터 있지 않았다.
누군가가 지나가고
또 지나가면 길이 된다.
그렇다고 한두 사람이 지나갔다고
결코 길이 되지 않는다.

깊은 산 속에 들어서
방금 지나온 길을 뒤돌아보면
훤히 잘 보이지만
앞으로 가야할 길에는
아무것도 보이지 않는다.

가끔씩 나는 지금까지
내가 지나온 길에 대해
너무 집착할 때도 있지만
앞으로 나가야 할
길이 있어 좋다.
그 앞길이
멀고 험난하더라도

차라리
아무것도 모르는 길이기에

세단기

새해가 며칠 남지 않았다.
서랍 속에 고이 보관해왔던
카드 전표와 중요한 공문서와
속절없이 끄적거려 놓았던 편지들

한 때는 소중하게
간직해온 소유물들을
세단기 그 가늘고
기다란 주둥이 속에
차례차례 집어 넣는다.
거친 숨을 몰아 쉬며
연신 세단기 속으로
빨려 들어가는 종이뭉치들
드드드드 쉴 틈도 없이
잘도 잘려나간다.

그냥 갖고 있으면
무거운 돌덩이처럼
나를 억누르는 것들이
산산조각이 나자

점점 내 머릿속이 가벼워진다.

남에게 알려져서는
안되는 비밀도 참 많다.
세상에는
버릴 것도 참 많다.

어머니의 가을

— 곶감

시골 집 안마당
유실수라고는
감나무 딱 한 그루 뿐인데
어머니는 아침마다
감꽃 잎 떨어진 마당을 쓸며
감나무를 올려다 보곤 하셨다.

가을이 되자
샛노랗게 익은 감들을
긴 장대로 조심조심
깨지지 않게 따서
하루 종일 감 껍질을 깎고 또 깎아
바람과 햇볕 불러 모아
채반 위에서 곶감이 될 때까지
수십 번을 토닥여
오남매에게 고루 나눠 주셨다.

어머니 굳은 손바닥처럼
납작납작 단단하게 마른 곶감
한입 베어 물면

어머니 손끝 정성이 목젖까지 우러난다.
말랑말랑 잘 굳은 곶감 속에는
어머니의 가을이 숨어 있다.

오이를 키우며

교실 둥근 화분에 오이씨를 심고
날마다 물을 주었더니
어느새 새싹이 뾰족 나왔다.
아이들은 화분에
빙 둘러앉아 신기한 듯
새싹을 바라보며 외쳐댄다.
"떡잎! 떡잎이 나왔다."

며칠 뒤 떡잎과 떡잎 사이
뾰족한 줄기가 새로 나오더니
잎이 또 나왔다.
"본잎! 본잎도 나왔다."

보일 듯 말 듯한
투명한 낚싯줄을 부여잡고
두 갈래로 나누어
금세 아이들 키보다
더 높이 올라가는
오이 덩굴손

여름이 되자
꽃을 피우더니
새끼손가락만한 오이들이
아이들 수보다
더 많이 열렸다.

시간이 흐를수록
점점 모습이 변해가는 오이는
아이들의 마음을
설레게 만드는
초록 광대
최고의 마술사

참깨 볶기

깨끗이 씻고 일은 참깨를
어머니의 체취가 배어 있는
터줏대감 같은 솥단지에 넣었다.

나무주걱으로 골고루 저어주니
참깨에서 김이 모락모락 났다.

"타닥타닥 타다닥 탁탁"
희멀건 하고 납작했던 참깨들이
노릇노릇 통통해지면서
소리가 점점 빨라졌다.
나의 손놀림도 점점 빠르게
사정없이 젓고 있었다.

"손가락 사이에 몇 알 놓고 비벼봐서
사르르 비벼지면 다 익은 거다."

뜨거운 솥단지 안에서
터질 듯한 아픔을 견딘 참깨가
엄지와 집게손가락 사이에서

힘없이 부서지며
고소한 냄새를 풍겼다.
사방에선 참깨가
널을 뛰듯 튀어 오르고
주위엔 튀어 오른
참깨가 점점이 수를 놓았다.

참깨는 뜨거움을 견디고
터지고 부서져야 만이
비로소 깨소금 맛이 난다.

가을 상추

베란다 기다란 화분에
상추씨를 뿌려 놓았다.
대부분 가을에는
비도 잘 내리지 않아
베란다 흙들도 푸석푸석해져
아침 저녁 시시때때로
물을 주어야 한다.
내리는 햇살의 양도 많지 않은지
가을 상추는 더디 자란다.
이제 겨우 애기 손바닥만큼 자란
상추를 듬성듬성 뜯어
흐르는 물줄기에
연한 잎이 찢겨질세라
애기 다루듯 살살 씻으면
보들보들한 잎들이
반짝 반짝 윤이 난다.
철 지난 가을에 먹는 상추는
맛이 그만이다.
식탁 가득
청단풍의 풋내음이 가득하다.

계란찜을 하며

계란을 깨기 위해
똑똑 계란을 두드린다.
껍질의 갈라진 틈으로
흰자와 노른자가
냄비에 미끄러지듯 쏟아진다.
익숙한 손놀림으로
참기름을 뒤섞은 다음
중탕을 시작한다.
두두두두
중탕 냄비의 빈 공간까지 울린다.
가만히 뚜껑을 열고 보니
노란 계란찜은 경계를 넘어
양파, 당근 조각이 위로 솟고
풍선만하게 부풀었다가 쓰러진다.
두두두두
지금도 가슴 속에 남아 있는
인디언들이 쳐대는 북소리
그 큰 울림이 나를 휘감는다.

황태국

오랜만에 황태국을 끓였다.
보통 명태를 말린 것은
북어라 하지만
혹독한 눈보라와
날마다 거친 칼바람이 몰아치는
강원도 대관령 고개 거친 막장에
내장이 다 빠져나간 명태들이
넉 달 동안 매달려 얼고
녹기를 되풀이하여야
노란색을 띤 황태가 된다.

제 몸 하나 쫙쫙 찢겨
나그네의 허기진 가슴을
따끈하게 데워줄 수만 있다면
차라리
그의 안주가 되어
황금빛 시린
그의 노래가 되리라.

모진 추위를 이겨내며
돌처럼 단단해진 황태가
투박한 뚝배기 안에서
제 뽀얀 속살을 내보이며
꽁꽁 얼어붙었던
대관령 한 겨울을
풀어놓고 있다.

오골계 탕

가죽, 털, 부리, 눈, 뼈, 다리, 살빛이
모두 검다하여 붙여진 이름 오골계,
옛날 임금님 수라상에 올랐다는
오골계 한 마리를
그간 아끼고 아끼다가
한 여름 보양식으로
오골계 탕을 만들었다.

꽁꽁 얼어 돌덩이처럼 굳어진
갈라진 뱃속 틈새로
방울만한 주황색 알만
덩그러니 서너 개 보인다.

덩치도 자그마한
벌거벗은 오골계 한 마리
머리와 두 발목은
이미 잘려 나가고
하늘을 향해 치켜
올린 작은 날개는

몸통에 바짝 붙어
있는 듯 없는 듯 한데
냉동실에서 갇혀 있을 때
파닥파닥 날갯짓을 하며
얼마나 날고 싶었을까?

하필 오골계로 태어나서
누군가의 손에 한 번 죽고
냉동실에서 한 번 죽고
펄펄 끓는 물에 또 한 번 죽고
먹는 자의 입에 또 한 번 죽고
며칠 동안
알을 품는 어미 오골계 한 마리가
내 눈앞에 아른거리더니
언제쯤인가
내 기억 속에서 멀어져 갔다.

제2부

단식 명상

구천동계곡을 걸으며

초록 이파리들이
하늘에 매단 연등처럼
빼곡하게 들어찬
구천동계곡 흐르는 물길 따라
오리 가족이 한가롭게 노닌다.
매일 이 길을 건강을 위해
맨발로 걷는다는
허옇게 드러낸 노부부 종아리에
툭 불거진 힘줄이 애처롭다.

인적이 끊긴 이 곳에 와
오르막길을 걷고 또 걸어도
결코 도달할 수 없는
더욱 아득해지는 길이여

외로움과 기다림의 길이란
결국 종착점이 없는
끝없는 길이라는
사실을 알게 되었다.

런닝머신

설 연휴 올케와 함께
헬스장이란 곳을 처음 갔다.
런닝머신이라는
무지막지한 철인이
버티고 누워 나를 맞이했다.

런닝머신 스위치를 켜고
길게 누워 돌아가고 있는
철판 위에 서서
나의 적정 스피드를 찾아 고정시키고
한 발짝 한 발짝 숨을 고르며
파워워킹을 시작했다.

설정 시간 50분, 스피드 6.0
10여 분 정도 지나자 손잡이를
꼭 잡은 손바닥의 열감과 함께
양쪽 다리 고관절에서
통증이 느껴졌다.

석문봉의 얼음계곡을 오르기 위해
무거운 다리를 이끌고
입술을 바싹 바싹 태웠던
아슴한 기억들이
나타났다가 사라지곤 하더니
몸이 후줄근 달아올랐다.

창문 너머 눈앞에 보이는
오서산 드높은 능선을
단숨에 올라선 듯 하다.

신발장을 정리하며

음력 설날 가족들이 다 모였다.
이리 뒹굴 저리 뒹굴거리는 조카들의
신발정리를 하다가
나는 요상하게 생긴
핑크빛 털장화를 들어올리며 물었다

"이 핑크빛 털장화의 주인이 누구니?"
"어머, 여자애가 신는 이쁜 색깔이네"
"요즘 시대에 여자 남자 신는 게 따로 있나요?"

핑크빛 털장화의 주인공은
다름 아닌 우리 가족 중에서 가장 어린
남자 아이인 여섯살 태영이였다.
아직 어린 애들은
남자 여자가 따로 신는
신발을 모르는가 보다.

현관 가득한 신발들을 잘 세워놓자
새 학년이 시작되는 날
운동장에 모인 아이들처럼

신발들이
새해를 맞이하는
꿈과 희망으로 들떠 있다.

겨울 소나무

간밤에 내리던 눈발이 그치고
새벽 촘촘한 별들이 쏟아질 때
겨울소나무는
새하얀 눈이 소복히 쌓인 가지마다
제 긴 그림자를 드리우고 있다.

하얀 눈 속에 실눈을 뜨고는
햇빛 몇 모금을 받아먹고 있는
겨울 소나무 파란 잎들이
눈이 부시다.
긴 세월 모진 풍파를 이겨내며
아버지 손 같이 거칠고 투박한
껍질들로 휘감겨 있는
아름드리 겨울 소나무를 안아보자
그 속에 숨어있던 차디찬 냉기가
내 뼛속까지 전해져 왔다.

냉혹한 추위에 살아남기 위해
겨울을 통째로 받아들여
냉장고 같은 한 겨울을

가슴에 품고 사는
겨울 소나무

어떤 친구

삼십여 년 만에 처음 만난
초등학교 동창생들
너무 오랜만이라서 서로 얼굴조차
잘 알아보지 못해
앨범 사진을 앞에 놓고
사진과 실물을 번갈아 보며
기억을 되살리느라 바빴다.

친구 중 가장 부자라고 불리우는
한 친구는 잘 나가던 시절에는
돈을 갈퀴로 긁어
모았다고 말하면서도
눈가엔 왠지 모를
그늘이 배어 있었다.

움켜 잡으려는 친구들보다
가진 것은 많지 않지만
현실에 만족하는
어떤 친구는 늘 마음이 부자였다.

다른 친구들은
모두 악착같이 돈을 버는데
너는 욕심도 없니 묻자
돈이 없으면 생활이
약간 불편할 뿐이라며
허허허 웃는 친구의 입가엔
여유로움이 묻어났다.

단식 명상

5일 동안 예비 감식을 마치고
6박 7일 단식명상을 하기 위해
배낭을 꾸렸다.
불필요한 물건들을 줄이고 줄여
꼭 필요한 짐만 배낭에 넣었는데도
한 짐 꽉 찼다.

이참에
지금까지 나를 억눌러온
많은 걱정거리들을
단식 명상에 다 날려보내자며
마음 속의 짐도
주섬주섬 챙겼다.

1주일 동안 먹을 것을 참아내며
하루 종일 가부좌하고 앉아
명상을 하자
마음속에 켜켜이 쌓여있던
먼지 같은 고민들이
하나 둘씩 떨어져 나갔다.

며칠간의 단식 명상을 통해
몸과 마음이 지칠대로
지쳐 있었지만
나는 분명 내 몸이
새벽녘 여명처럼
희미하게 밝아지는 것을
온몸으로 느꼈다.

장군봉을 오르며

성주산에서
제일 높다는 장군봉
세찬 겨울바람을 등에 지고 올랐다.
숨이 턱까지 차올라
단전에 힘을 주고
깊은 숨 고르는 걸음마다
고요하기만 한 장군봉은
산 전체를 아우르는
거대한 침묵을 끌어안았다.
덕지덕지 자신의 알몸을 가리며
치장했던 이파리들을
비바람에 모두 떨구고
얼어 버릴 것만 같은 작은 가지 끝
을씨년스런 잎들이 매달려 있다.
다시 봄이 오면 깨어날
수천 수만 개의 생명들이
움틀 가지마다
숲속의 고요가 숨어들었다.
둥글게 휘어진 능선을 밟고
정상에 서자

바깥으로만 향해 있던 시선이
내안을 향해 들어왔다.
나도 한 그루 나무
봄이 되면 새싹이 움틀
내 몸속에 있는 가지들이
순간 근질근질 가려워졌다.

해금강 소나무

해금강의 본래 이름은
갈곶이며 칡섬이다.
바다에 불쑥 솟은 바위들의
모습이 마치 금강산 같다
배를 타고 하늘이 십(十)자로
보인다는 곳에 이르자
높이 솟은 바위 틈새가
사방 모두 열십자 모양이었다.
아, 천지개벽의 그 장엄함이여.

섬을 한 바퀴 돌고 돌자
진시황이 불로초를 구해오라고 하여
이곳에 온 신하들이 절경에 빠져
그네를 매어 타고
놀았다는 사자바위

흙 한줌 없는
뾰족한 바위 그 꼭대기에
인고의 세월을 버티고 서 있는
키 작은
소나무 한 그루

수리치골 성지

수리치 나물이 많이 자생하여
수리치골이라는 이름이 붙여졌다는
깊은 계곡 끝자락에
수리치골 성지가 자리잡고 있었다.

지금은 평화롭게
산새들이 날아와 나그네를 반겨주며
졸졸 흐르는 계곡물 소리 사이로
희끗희끗 잔설이 남아 있다.

천주교 박해를 피해
깊은 산속으로 숨어들어온 곳
수리치골 성지
기도와 찬송으로 충만했던 그 자리
긴박했던 그 때 그 시간의
발자취를 더듬으며
수리치골 성지를 오르는
발걸음이 웬지 훤해진다.

묵언 산행

서른여덟 명이 모였는데
두 사람씩 짝을 지었다
둘 중 한 사람은 안내자가 되고
또 한 사람은 눈을 가리고
안내자를 따라
목적지까지 안전하게 함께
다다라야 한다.
절대 묵언이다.

두 사람씩 짝을 지어줄 때
마치 반려자를 선택하려는
그 순간처럼 두렵고 떨렸다.
앞이 전혀 보이지 않기에
넘어질까 걱정을 하면 할수록
내 발걸음은
더듬적거리며
앞으로 나가질 못했다.

콘크리트 평지를 지나는 것 같더니만
금세 책가방만한 돌이

울퉁불퉁 솟은
돌계단 길을 들어선 것 같았다.

등산화의 앞꿈치가
돌부리에 걸리기도 하고
오름길이라 생각했던 길이
덜커덕 내리막길로
와 닿기도 하고
흙과 돌멩이,
나뭇잎을 밟는 소리와
옷깃과 옷깃이 스치는 소리만
정적을 메울 뿐이다.

짝꿍에게 내 모든 것을 맡기고
믿고 따르자면서
생각을 고쳐 의지하며 걷자
한결 마음이 편안해져
발걸음도 가벼웠다.

두툼하면서 올록볼록하고
미끄럽다는 촉감이
발바닥 전체에 느껴졌을 때
눈을 뜨라 했다.

두껍게 얼어붙은 얼음장 밑으로
돌돌돌 물보라를 만들며
생명수가 솟구쳐
흐르는 모습이 보이고
주위는 온통 하얀 눈밭
정말 눈이 부셨다

우리는 순간 환한 눈꽃이 되어
웃고 있었다.

제3부

마음의 바다

아버지

하루 일을 마치신 아버지는
휑하니 낚시를 가신다.
고된 일과로
피곤도 하시련만
어김없이 바닷가로 나가신다.

아버지는
어둑어둑해져야
집으로 돌아오신다.
"아버지 고기 많이 잡으셨어요?"
하고 여쭈면
아버지는 대답 대신
빈손을 내보이신다.
오늘도 잔챙이들을 낚아
모두 놓아주신 모양이다.

아버지는
세월을 낚으시는 모양이다.
바람을 낚으시는 모양이다.
파도를 낚으시는 모양이다.

구름 국화

정동진을 찾은 날 이른 새벽
해풍에 비스듬히 누운
소나무 사이로 햇살이 반짝이고
황금덩이로 떠오르던 태양의
눈부심이 나를 따라 다녔다.

집에 돌아와
현관에 들어서자

구름국화 두 송이
세상 시름 훨훨 떨치고
하늘 향해 오르고 있었다.
나 없는 며칠 사이
밤을 새워 왕꽃을 피워냈다.

정동진 일출의 진한 눈부심이
되살아 내 눈앞에 펼쳐졌다.

최고운 유적지

최치원 선생이
바다를 보기 위해 자주 들렀다는
월전리 보리 섬
지금은 육지가 되었다.
너른 벌판 한 가운데
보리 섬을 휘감은 병풍바위의 위용은
하늘을 찌를 듯 하다.

넓적한 바위에 새겼다는
최치원 선생의 글씨는 풍상에 씻겨
그 흔적조차 보이지 않지만
최치원 선생이 남긴 발자취들은
바람처럼 남아 있다.

보원사지 당간지주

가끔씩 나는
내가 내게서 낯설어질 때
새로운 그 무엇을
찾아 나선다.

두 개의 돌기둥으로
하늘을 떠받치고 마주 서 있는
보원사지 당간지주

비바람에 시달려
적당히 문들어진
화강암 흰 살결엔
장식이라고 달은 것은
넓은 띠 하나뿐인
당간지주

서로 마주 보며
서 있는 돌기둥 사이
긴 장대를 꽂아두었을
네모난 구멍 속을

바람 몇 점이
들락거리고 있다.

금강암에서

8월의 양각산은
보령호에 제 긴 그림자를 드리우고
더위를 식히고 있다.

한발 한발 내딛는 가파른 길은
금강암으로 오르는
이의 마음을 일깨우고
어느새 들어선
비좁은 숲길에서는
이름 모를 산새들이
나를 먼저 알고 반긴다.

유난히 큰 귀에 육각의 관을 쓰고
좌대 위에 가부좌를 틀고 앉아
왼손을 아래로
오른손을 위로 하여
연꽃봉오리를 받쳐 든
미륵불의 얼굴에는
색이 바래고 코가 문드러졌지만
아직 천년의 미소가 그윽하다.

시원한 바람 결 따라
당그랑 당그랑
춤을 추는 풍경 소리가
천 년을 넘어온
시간의 숨결을 타고
고요 속에서 번쩍거린다.

새벽 풍욕

새벽 다섯 시,
덜 깬 눈을 부비며 풍욕장으로 간다.

앞뒤로 마주한
통유리 창문을 열어젖히자
매서운 칼바람이 금세 방안을 채운다.

가부좌를 틀고 앉아
안내되는 방송멘트에 따라
옷을 모두 벗고 맨살에 담요를 걸친 다음
담요를 뒤집어썼다 벗었다를 반복하며
거센 자연 바람을 온몸으로 맞았다.

담요를 벗고 견뎌야하는 시간이
점점 늘어나면서 새벽 풍욕은
정말 참아내기 힘들었지만
잠시 눈을 들어 밖을 내다보자
하늘가에 떠 있는
달과 별은 고요 속에서
더 빛이 나는 것 같았다.

지그시 눈을 감자
돌돌 거리며 흐르는
유명산 계곡의 물소리가
내 맨몸을 적시며 흘러 내렸다.
시간이 지날수록 나는 바람 소리 대신
세차게 내리치는
폭포수를 온몸으로 맞으며
앉아 있었다.

마음의 바다

바닷가 모래밭을
거닐다 돌아오면
바다는 늘 내 마음 속에
들어와 있었다.
내 마음바다 한복판 가득
바닷물이 출렁거리고
숱하게 밀려들어 넘실거리는
고뇌의 파도를 막기 위해
상념의 모래성을 겹겹이
쌓고 또 쌓는다.
거대한 파도가 밀려와도
무너지지 않을 것을 믿으면서
그러나 내 마음 바다에
쉼 없이 일렁이는
그리움의 파도는
어찌할 수 없었다.

왕포 포구

이젠 모든 게
그만 끝이라 생각 하면서
왕포 포구에 내려와
해변을 홀로 걸었다.

날마다 조금씩 단단하게
묶이어 가는 인연의 끈을 따라
백사장에 남겨둔
그대와 나의 발자국들
영원히 같은 방향을 향해
나란히 걸었으면 좋으련만.

아무리 걸어도
다다를 수 없는 곳도 있을까?

애타는 가슴을 어찌할 수 없어
노을빛 물든 왕포 잔잔한 물결 위에
고이 접어둔 마음 속 그리움을
아무도 모르게 풀어 놓는다.

솟대새

기다란 장대 끝에 앉아 있는
솟대새의 꾹 다문 입

솟대새의 시선이 머무는 곳은
늘상 그 자리지만
솟대새의 먼 먼 기다림은 끝이 없다.

기다림이란 솟대새처럼
한겨울 꽁꽁 얼어붙은 길 위에

맨 발로 홀로 서서
모든 아픔을 참고 견디는 것이다.

기다림이란 솟대새처럼
망망대해에서 홀로 서서
밤을 하얗게 지새는 일이다.

누군가를 기다려본 사람은
한평생 한 곳만을 향해 서서
오로지 한 사람만을

기약없이 기다려야 하는
솟대새의 아픔을 안다.

지지 않는 꽃

여기
마음 속에 지지 않는
한 송이 꽃을 피웠습니다.

그 꽃은
삭막한 사막 한 가운데에서
오아시스처럼
우리들의 지친 영혼을
달래주기 위한 꽃입니다.

아직 모양은 새끼손톱 만해
아주 보잘 것 없지만
그리움과 사랑으로
아주 느리게 자라납니다.

숱한 역경과
모진 비바람 속에서도
말갛게 피어나는
아주 소박한 한 송이 꽃입니다.

이 세상 어느 누구도 볼 수 없는
우리들의 마음속에서
피어나는
한 송이 꽃입니다.

할머니

옥수수가 여무는
밭이랑을 걸으면
할머니 생각이 난다.

어린 손녀가 왔다고
구멍이 숭숭 뚫린 광주리에
옥수수를 가득 따시며
굽은 허리 겨우 펴시던 할머니

옥수수를 솥에 찌시며
모시 치마 저고리 구겨질세라
앉지도 않으시고 불을 때시던
할머니

문득 할머니를 생각하면
옥수수 밭을 거니시는 모습이 떠올라
할머니가 더욱 그립다.

제4부

책들에게 미안하다

양파 한 다발

주홍망사 주머니 속에 담겨서
우리 집에 온 양파 한 다발이
보일러 돌아가는 시끄러운 소리에
귀를 닫고 옆으로 누워 있었다.
양파를 사다놓고
그만 깜박하고 있다가
어느 날 보일러실을 열자
다른 물건들에 짓눌린 채
온몸이 썩어 진물이 나고
악취까지 풍겼다.
차디찬 냉기뿐인 보일러실에서
형체를 알아볼 수 없는
거의 다 썩은 양파는
마지막 안간힘을 쓰며 살아남기 위해
초록 이파리 몇 개를 뾰족 내밀며
온몸으로 죽음의 구렁텅이 속을
헤쳐 나오고 있다.

등대

등대는
항상 긴 항해에 지친 배들의
안전한 귀항을 위해
한적한 바닷가에
외롭게 서 있다.

배들이 뿌웅 경적을 울리며
등대의 불빛을 따라
돌아오고 있다.

아무 일도 하지 않는 것처럼
아무 내색도 하지 않은 채
말없이 남을 돕고 있는 등대

등대처럼 남을 도우며
사는 사람이 있다.
등대처럼 외롭게 사는
사람이 있다.

가끔은
등대를 닮고 싶어 하면서도
등대 같은 외로움을 벗어나고
싶어 하는 사람

책들에게 미안하다

오랫동안 서가에 꽂혀 있던 책들 중
일부 책들을 서가 밖으로 내몰았다.
모두 몇십 년 전 애써 돈을 들여
사들인 책들이지만
지금은 나이가 많이 들어 내 눈 밖에 난
이른바 고아들이다.
서가에 꽂혀 있어도 일 년 내내
한 번도 눈길이 가지 않는
책들은 모두 고아다.
작가들이 잠 못 이루고
영혼을 불살라 집필한 책들이기에
책들에게 미안하다.
작가에게 미안하다.
한 때는 귀하게 여겼던 책들이지만
새로 돈을 들여 신간 서적들을 사들이면서
더러 한 쪽 귀가 떨어져 나가고
더러 표지가 우중충해진 책들은
더 이상 서가에 꽂아 둘 공간이 없다.
어떤 땐 내 몸의 일부처럼
소중히 느껴졌던 책들을

차마 버릴 수 없어
서가 밖 한 쪽 벽에
층층이 쌓아 놓았지만
날이 갈수록 점점 버려지는 책들이
늘어나는 사실을
지켜보는 일도
가슴 아픈 일이다.
이젠 버려진 책들을
따로 보관하기 위해
베란다에 도서 고아원이라도
하나 차려야 할까 보다.

사진첩을 넘기며

내 사진첩 속에는
어렸을 적부터 찍은 사진들이
차례대로 꽂혀있다.
사진첩을 반쯤 넘겼을 때
대천 항 끝자락에
커다란 주홍빛 석양이 걸려 있다.
그 날 사진첩 속에 서있는 한 친구가
내게 하던 말이
사진첩 속에서 걸어 나와
내게 나직이 속삭이고 있었다.
"간절히 기다린다고
모든 것이 네게 다 오진 않아."
나는 순간 사진첩을 덮었다.
급히 차를 몰아
그 날처럼 대천 항에
홀로 멈추어 섰다.
사진첩에 꽂힌 수많은 추억의 순간들,
그 중에 결국 몇 장의 사진만이
기억할만한 내 삶으로 남겠지.
그날 그 친구와 함께 섰던

대천 항 내 머리칼을 휘날리게 했던
그날 그 바람 소리가
내 귓전에 머문다.

진공 청소기

진공청소기 켜고
흡입력 조절 단추를 누르면
거실 바닥에 흡입구를 대자마자
급물살 속도로
빨려 들어가는 것들을 본다.

내 몸에서 빠져나간 머리카락,
바람을 타고 창문으로 들어 온
마른 나뭇잎
끼리끼리 뭉쳐서
방구석에 모여 있는 먼지들

청소기가 훑고 지나가는 자리
가까이에 있는
작은 것들은 무엇이든
외마디 소리 한번 지를
틈도 주지 않고
흡입구 안으로 쏙쏙 빨아들인다.
살아있는 작은 벌레들도 마찬가지다.

어쩌면 나도
하느님의 진공청소기 앞에 놓인
순간적인 존재일지도 모른다.

겨울 채송화

12월이 되어도 날씨가 춥지 않더니
학교 시멘트 경계석 안쪽의
화단 모서리에
자줏빛 채송화가 피었다.

"어머, 저것 좀 봐."

지나가던 사람들의
모든 발소리가
그 앞에서 멈춘다.

채송화는 너무 작아
어느 꽃보다도
찬란한 빛깔을 가지고 있으면서도
어느 꽃꽂이에도
자리 잡지 못한다.
모든 나무들도
겨울잠이 든 한 겨울에
따스한 햇살 한 줌 마시며
기죽지 않고

당당함을 피워 올렸구나.

한겨울 냉기가 채송화
살 속을 파고들어도
초인적인 인내심으로 버티면서
썰렁한 화단 한 귀퉁이가
온통 채송화의 환한 빛으로 가득하다.

베란다에 있는 돌멩이들

우리 집 베란다에 있는
돌멩이들은 제각기
다른 소리를 담고 있다.

금강암에서 주워 온
깨진 기왓장에 귀 기울이면
변함없는 천 년 전의 풍경 소리

백제골에서 주워 온
사금파리에 귀 기울이면
온 몸이 시려오는 차디찬 계곡물 소리

섬에서 주워 온
돌멩이에 귀 기울이면
철썩철썩 수런대는 파도소리

명성산에서 주워 온
돌멩이에 귀 기울이면
하얗게 출렁이던 억새들의 속삭임

돌멩이들은 주워온 바로 그 곳에서
내던 제 소리들은
나에게만 살짝 들려주고 있다.

백제골

푹푹 찌는 여름날
숲 그늘 짙게 드리운
백제골 평상에 앉자
벌써부터 낯이 설다.

백제골 물이 너무 맑아
이 물을 떠다 그대로 마신다는
송어장 주인의 말에
세상에 아직도
이런 곳에 남아있다니
신기하기만 하다.

그 옛날 신선들이나 먹었음직한
붉은 송어 회 한 점 입에 넣자
맑은 물에 노니는 송어떼가
입안 가득 파닥거리고
차디차게 흐르는 계곡물 소리가
배 속으로 흘러 들어
온몸을 시리게 한다.

백제골 골짜기에 발을 담그고
졸졸 흐르는 물소리만 들어도
몸 속 구석구석에
소름이 돋는 이곳은
한 여름 노천에 있는
천연 냉장고다.

소 그림을 보며

그림 속의 소가 춤을 춘다
굳건한 다리는 땅에 척 붙인 채
육중한 몸을 흔들며 춤을 춘다.
꼬리도 하늘로 치솟고 있다.

덩실덩실 춤을 추는 소는
큼직한 눈을 껌벅이며
무슨 말인가 하고 싶은 가보다.
코에 걸린 코뚜레가
소의 말을 막고 있다.

소는 무엇인가 하고 싶은 말을
춤으로 보여주며
침묵시위라도 벌이는 것일까?

몸집이 아주 큰 소는
자기의 코를 뚫어 매단
그 작은 코뚜레를
그림 속에서도 빼낼 수
없는 모양이다.

제5부

거울 속의 여자

거울 속의 여자

너는 한 번도
나를 속이거나 배반하지 않았다.
또한 너는 나에게
잘 보이려고 애쓰지도 않았다.

내가 눈곱을 떼고 이빨을 드러내면
너도 눈곱을 떼고 이빨을 드러냈다.
내가 반듯하게 가르마를 타면
너도 반듯하게 가르마를 탔고
내가 홀로 앉아 사색에 잠기면
너도 홀로 앉아 사색에 잠겼다.

거울아, 이젠 내가 꿈꾸고 있는 것까지
비추어 주면 좋겠다.

못 쓰는 핸드폰

9년을 사용해오던 핸드폰을
차마 버릴 수가 없어
서랍 속에 넣어 두었다.

날마다
애지중지하며 사용했던 핸드폰을
그냥 쓰레기통에
버리기가 쉽지 않았다.

너무 오랫동안 써서 그런지
핸드폰 안에 적힌
전화번호를 읽을 수가 없어
새로 핸드폰을 구입하게 되었다.

이제는 내 손길을 떠나
서랍 속에서 안식년을 맞은 핸드폰
못쓰게 된 핸드폰을
고이 보관한다고 해서
새것으로 변하는 것은 아니지만
아직도 액정 화면 속엔

행복기원 메시지가
지워지지 않고 남아있다.

오래된 시계

12년 전,
일곱 살 고사리 손으로
나에게 건네 준
파랑색 네모난 알람 시계

"제 꿈은 수녀가 되는 거예요."
딸만 넷을 둔 그 애의 어머니도
수녀가 되겠다는
딸애의 꿈을 함께 가꾸셨다.

이젠 알람도 울리지 않는다.
건전지를 바꿔 끼워도
가다 서고 가다 서고
시각을 맞춰놓아도 잠시뿐
점점 느려지다 결국 또 멈춘다.

이 조그만 시계 하나쯤이야
아무 생각 없이 버릴 수도 있지만
그래도 그 아이 꿈이
깃들어 있는 것 같아

쉽게 버릴 수가 없다.

사방 7센티미터의 파랑 네모 안에
그 애의 반짝이던 꿈들이
지난 12년간
째깍 째깍 시간의 연륜을 쌓았는데
지금쯤 그 꿈을 이루었을까?

소리 나는 주전자

싱크대 밑에 잠을 자다
물을 끓일 때만 되면 어쩌다
가스렌지 위에 올려지는
뚱뚱한 스텐레스 주전자

거제도에서 시집 온
하나뿐인 올케가
몇 년 전, 물이 끓기 시작하면
뿌요오 길게 신호음을 내는
소리 나는 주전자를 장만해주었다.

물이 끓을 때가 되면 내는
뿌요오 소리는
우리 올케 고향인 거제도로 향하는
우렁찬 뱃고동 소리와 같아
물을 끓일 때마다
올케의 마음은
이미 고향에 가 있을 것 같다.

주전자에 물을 끓일 때마다
뿌요오 뱃고동 소리를 듣노라면
창문 너머로 처얼썩 처얼썩
금세 파도소리가 밀려온다.

성주산 소나무

성주산 자락
먹방으로 가는 길목에
꼭 갖고 싶은 키 작은 소나무가 있다.

맘에 드는 그 소나무와 마주할 때마다
내 집 뜨락에 저런 소나무 한 그루
키우고 싶다는
욕심이 툭툭 튀어 나온다.

소나무가 서 있는 그 곳을
여유를 갖고 가만히 들여다보면
시간이 흐르다 고여 있는 것 같고
햇빛은 솔잎 속에 숨어
짱짱하게 빛나고 있다.

가끔 베란다에 꽃나무를 기르며
어항 속에 물고기를 기르는 일은
쉬운 일이지만
먹방의 그 소나무를 옮겨와

내 집 베란다에 심고 키우기란
내게는 참으로 어려운 일이다.

그림책 속의 책장을 넘기듯
그냥 그곳에 가서
소나무나 한 번 더 쳐다보고
돌아오는 것으로
만족해야 함을 안다.

내 삶속에는
갖고 싶은 욕망은 있지만
그냥 그렇게
눈으로만 보아 넘길 수밖에
없는 것들이 참 많다.

엘리베이터에서 만나는 그녀

그녀를 처음 만난 건
엘리베이터 안에서였다.
땅거미가 어둑어둑한 이른 새벽
나는 수련을 하러 일찍 나간다.
어쩌다 가끔 만나는 그녀지만
오늘도 그녀와 마주쳤다.

"참 좋아 보이세요."
내가 먼저 말을 건네면
그녀는 우유와 신문을 가득 실은
작고 낡은 손수레의 손잡이를
한 손으로 잡고는
"읽어 보실래요?"
다른 한 손으로 신문
한 부를 꺼내 내게 권한다.

가끔 엘리베이터 안에서
낯선 이웃을 만나면
늘 뻘쭘 하고 어색하지만
그녀를 만나는 날에는

괜히 기분이 좋다.

이른 새벽부터 엘리베이터를 타고
이 동 저 동 18층을 오르내리며
우유와 신문을 집집마다 배달하며
힘든 하루를 여는 그녀지만
하루 하루 영그는 꿈에
피곤한 기색조차 없다.

이른 꼭두 새벽부터
열심히 일을 하는 그녀를
만나는 날이면
왠지 나의 하루도
즐겁고 뿌듯해진다.

선인장

갈색 리본이 붙어 있는 파란 화분에
서로 다른 다섯 종류의 선인장이
옹기종기 일가(一家)를 이루었다.

온몸에 오밀조밀 털을 달고
수문장처럼 서 있는 뚝심이

분홍 면류관을 쓰고
호사를 뽐내는 분홍이

황금색 세 갈래 벼슬을
날개삼아 하늘을 나는 황금이

다친 상처 아직 아물지 않았어도
내색하지 않고 웃고 있는 싱글이

처음엔 제일 작고
보잘 것 없었지만
구석구석 푸른 새싹을
등에 업은 푸름이

제각기 선인장들이
이젠 웬만큼 성장하여 화분이 좁아
더 이상 견딜 수 없다고
아우성이다.

생김새와 이름은 달라도
이제는 좁아진 화분 속에서
서로를 아우르며 사는 선인장들을 보면
작은 방 하나에서
서로 부대끼면서도
우애 하나로 감싸고 보듬었던
어린 시절 같다.

우렁이 한 마리

우렁이 혼자 주인인
우리 집 작은 수족관
사각 투명 수조에
새끼 열대어 네 마리가
새 식구로 들어 온 날,

새끼 열대어는 너무 작아
수조의 겉면을 툭툭 건드리면
어느새 작은 몸집이 보이질 않아
촉수를 곧게 세우고
찾아야만 제 몸을 보여준다.

물 위에 떠 있는
미나리 잎과 생이 가래 사이를
촐랑거리며 헤엄칠 땐
그 작은 몸에서 광채가 난다.

몇 시간이 지나도록
우렁이는 돌멩이 속에 얼굴을 묻고
납작 엎드려 꼼짝을 안한다.

새 식구가 온 것을 알고도
낯이 설어 모르는 척 하는 걸까?
잠을 자는 척 하는 걸까?
낯선 이방인이
두려운 모양이다.

넝쿨 제비꽃

솔잎같이 가녀린 꽃대 위에
하얀색, 보라색을 띤
동글동글한 작은 꽃잎을 올려 놓고
하늘 향해 고개를 들고 웃고 있었다.

청남대를 돌아보고 나오는 길
황톳길 끝자락 한 모퉁이에
넝쿨제비꽃 군락을 이룬 밭을 보았다.

누가 볼세라 자세를 낮추고
콩닥콩닥 뛰는 가슴 억누르며
아무도 몰래 줄기 하나 뚝 끊어
작은 종이컵에 담고
모자를 벗어
그 속에 숨겨 집으로 가져 왔다.

혹시 집으로 돌아오는 차 안에서
시들어 죽지나 않을까 노심초사하며
통째로 물 속에 담기도 하였고
숨도 쉬게 모자를 벗겨 주었다.

집에 와 화분에 심었더니
며칠 지나자 신기하게도
파릇파릇 되살아 났다.

척박한 곳을 탓하지 않고
뿌리 내리며
다시 꽃을 피우는
넝쿨제비꽃

우리 집 베란다에는
그렇게 인연을 맺은
꽃들이 더러 있다.

그 집

그 집은
갈머리 구도로(舊道路) 옆
야트막한 함석 지붕 아래
흐줄한 우편함을 달고 있다.
우편함에 씌여진 글씨마저도
획이 지워졌다.

먼지투성이 도로변
그 집 좁은
안마당 만한 텃밭에는
일년 내내 채소가 푸르게 자란다.

누가 사는지 알 수 없지만
담장 안 화단에는
주인의 부지런한 손길에
목단, 물망초, 장미들이
어여쁘게 피워나고 있으며
파란색 철제 대문 밖으로 고개를 내민
무화과가 요즘 한창 열매를 맺는다.

그 집 앞을 지날 때면
내 발걸음은 금세 멈춰 지고
그 집 주변에서 자라는 채소와 꽃들에게
나는 그 집 주인보다
더 짙은 애정 어린 눈길을 준다.

제6부

바위손

종이홍삼

종이 상자 속에 갇힌 홍삼
이천 칠년 일월 팔일
이대로
등신불이나 될까?

잘 건조된 홍삼은
유효 기간을 넘기지 않으려고
누군가의 손길을 애타게 기다려보지만
자신을 담고 있는 종이 상자가
높은 콘크리트 벽처럼 느껴진다.

이따금 진열대 위를 비쳐오는
불빛을 따라
누군가의 손길을 기다리는
홍삼의 희망은
솟구치다가 쓰러지고
이젠 지쳐 돌아 누웠다.

정관장 홍삼은
종이 가방 속에서
이미 종이 홍삼이 되었다.

지렁이

이른 새벽,
부시시 잠에서 깨어 거실로 나오다
거실 바닥에
지렁이 한 마리가 꿈틀거리고 있었다.
여린 살색에 짧고 굵은 몸통의
움직임이 너무 징그러웠다.

어디서 나왔을까?
거실에 있는 벤자민 화분 속에서
살다가 답답하여 세상구경을 나온 모양이었다.

나무 젓가락으로 몸통 한가운데를 집자
지렁이는 몸을 비비꼬면서 안간힘을 썼다.
지렁이는 순간
생명의 위협을 느꼈는지 불긋 솟는 힘이
나의 손가락 끝에 전해 왔다

나는 지렁이를
아파트 창문 너머로 던지고 싶었지만
그래도 다시 흙이 있는

베란다 화분 위에 놓아 주었다

갑자기 부닥친 지렁이라서
온몸이 오싹했었지만
지렁이에게도 나의 출몰은
얼마나 무섭고 두려웠을까?

무당벌레

이튿날 아침
외도 행 배를 타기 위해
거제도 여관에서
네 사람이 한 방에 묵었다.

하룻밤을 자야 하는데
어쩐 일인지 무당벌레들이
방안에 파리 떼처럼 널려 있었다.
무당벌레들은
방바닥에도 천장에도, 문틈에도
바짝 달라 붙어 있었다.

무당벌레를 잡으려 하면
꼼짝도 하지 않고 죽은 척을 해
등껍질을 살짝 건드려 보았다.
무당벌레는 위기의식을 느꼈던지
다리 관절 사이에서
노란 액체를 뿜어 내었다.
스컹크처럼 내뿜는 냄새가
아주 고약했다.

새끼 손톱보다도
더 쬐그만 무당벌레가
제 몸을 보호하기 위해
무던히 애를 쓰는 모습이
너무도 애처롭다.

한옥

시골에 가까운 우리 동네에도
고층 아파트가 많이 들어섰다.

어쩌다
한옥을 만나면 정겹기만 하다.
외할머니가 사시던 그 집도
높이 올리기 보다는
마당을 넓게 하고
채우기 보다는
비움이 있어 좋았다.
마당 옆으로 흐르는 개울은
계절마다 다른 풍경을 비춰주는
작은 액자였다.
달이라도 비추는 날이면
달까지도 그림의 일부가 되어 흘렀다.

이제 한옥은
삶의 뒤안길에서나 찾아봐야
한다는 게 아쉽기만 하다.

듀오백 의자

듀오백 의자는
깊고 넓은 등받이가 붙어 있어
의자에 앉을 때마다
어머니의 등처럼 따뜻하고 편안하다.

압력을 고르게 한다는 베쉬 좌판은
어릴 적 나를 품고
얼러주셨던 어머니의 품처럼
푹신푹신하여 피로가 싹 가신다.

"엄마가 큰 딸에게
해준 것도 없이 받기만 해서
의자 하나 보냈다."
라는 어머니 말씀

푹신 푹신한
듀오백 의자에 앉아 있으면
왠지 어머니의 굽어진 등과
가늘어진 어머니의 다리가 어른거린다.

바위손

지리산 자락 바위 위에서
한겨울에도 죽지 않고
새파랗게 살아 숨쉬는 바위손을
화분에 키우고 싶은 욕심에
몰래 뿌리째 뽑아 집으로 가져와 심었다.

겨울철이라 혹시 꽁꽁 얼면 안될 것 같아
베란다에 심어놓은 바위손에게
물주기를 줄였더니
바위손 잎파리들이
아기가 주먹을 쥔 것처럼 오므라들어
꼭 부스러질 것이 위태로웠다.

어떻게 하면 바위손을
잘 기를 수 있을까?
인터넷을 검색해 보자
바위손은 강한 햇빛보다는
바람이 잘 통하는 반그늘에
놓아 길러야 하며
물은 하루에 한번

샤워기로 부드럽게 뿌려주어야 된단다.

물을 주면 금방 새파랗게 되살아나고
물기가 마르면 서서히
오그라들어 죽은 시늉을 하는
바위손 참 신기하기만 하다.

모래 거북

바닷가에서
선생님이 아이들과 함께
모래 거북을 만들었다.
퉁망한 눈망울과
짧달 막한 네 다리
삐죽 내민 목
단단한 등껍질을 가진 거북이를
제법 그럴싸하게 만들어놓고는
아이들은 좋아서 싱글벙글 거렸다.

얼마 있다 빠져 나갔던 바닷물이
물밀듯이 몰려오더니
아이들이 힘들여 만들어 놓은
모래 거북이를
흔적도 없이 지워 놓자
아이들은 모두 울상을 지었다.

선생님은 아이들이 안쓰러워
거북이는 사라진 것이 아니라
바다로 돌아간 거다 라는 말을 하자

아이들은 바다를 향해
잘 가 거북아! 하며
소리를 질렀다.

하늘공원

하늘에 공원이 생겼다.
난지도에서 가장 높은 곳

사람 키보다 더 큰 억새꽃 하늘거리고
엉겅퀴, 씀바귀, 토끼풀도 한창이다.

노랑나비, 호랑나비 하늘 길을 열고
공원에 오를수록
하늘은 점점 가까워 온다.

하늘공원에 올라
맑고 청아한
높고 푸르른
하늘의 마음을 닮고 싶다.

아름다운 것

한쪽 모서리가 깨진
길쭉한 항아리
땅속에 반쯤 묻혀 있다.

모서리가 깨지지 않았다면
어느 집 장독대에 놓여
요긴하게 쓰였을 항아리를 캐내어
물에 헹구고 씻자
반들반들 윤이 났다.

제법 때깔이 나는 항아리에
연보라 빛 소국 한 다발을 꽂아 놓자
볼품없던 항아리가
어느새 꽃 향기 가득 담은
꽃수레가 되었다.

꽁꽁 언 물놀이장

시골 초등학교 담장 안쪽에
아무도 찾지 않는
겨울 물놀이장 한 복판에
얼음이 꽁꽁 얼었다.

몇 해 전 여름,
연일 계속되는 폭염주의보 속에
물을 가득 채운
물놀이장에 가득 차있던
아이들의 함성은
물놀이장 벽을 타고 넘어
넘실대었다.

유난히도 물을 두려워했던
정원이란 아이는
물놀이장의 시퍼런 물을
제 손에 적시는 데만도
세 시간이 넘게 걸렸다.

매서운 겨울바람이 휘감아 도는
꽁꽁 언 물놀이장에
아이들이 모여 들었다.
정원이란 아이는
얼음판에 미끄러질까봐
있는 힘을 내 허리를 꽉 잡고는
놓을 생각을 안 했다.

장고도 가는 날

바닷가에 살면서도
섬에 처음 가게 되었다.
1박 2일 직원 여행길

섬으로 떠나기 전
방안을 빙 둘러 본다.

책상 위에 놓여진 책들
건조기 안에 있는 그릇들
세탁기 안에 있는 옷가지들
쓰레기 봉투 속에 있는 허잡 쓰레기들
모두 말끔히 정리하기도 전에
이미 마음은 꽁닥 꽁닥
첫비행을 하는 갈매기처럼
하늘을 날아 먼저 섬에 가 있다.

장고도에
다다르지 않았어도
마음은 파도가 되어 출렁인다.

섬에 간다는
상상 하나만으로도 즐겁다.

소

코뚜레를 한
덩치 큰 누렁소가
순한 눈은 하늘을 바라보고
굳건한 다리는 땅에 붙인 채
묵묵히 서 있다.

소는
비가 내려도
바람이 불어도
번개가 쳐도
뛰거나 허둥대지 않는다.

소는 주인의 말 외는
어느 누구의 말도
귀담아 듣지 않는다.
맛있는 여물을 먹는 소는
주인이 하라는 대로 순종하며
믿음으로 답을 준다.

천동 동굴

2억 5천만년 시간을 품에 안은
천동 동굴은
빛과 어둠의 경계를 허물었다.

하늘로 솟은 기둥들이
황금 천으로 제각기 몸을 휘감고
천장과 맞닿을 몸짓으로
포개진 어울 마당은
지하 궁전이다.

땅속에 나 있는
오롯이 작은 오솔길을 따라
하늘로 오른다.

천동 동굴
수백 미터 땅속에는
우리가 계단을 타고
오를 수 있는 하늘이 있었다.

조약돌

사람들의 발길이 뜸한 바닷가
하얀 모래밭에
물새알 닮은
둥근 조약돌 하나

낮에는 조약돌이
깨질까봐 둥글어 갈까 봐
조심조심 해님이
지켜주고

밤에는 조약돌을
누가 훔쳐 갈까 봐
달님이 눈을 부릅뜨고
지켜주고 있다.

시골 버스

고향으로 가는 시골 버스
승객이라고는 고작 대여섯 명
구부러진 길가에 끼익 버스가 서자
할머니 발 옆에 놓여있던
보따리가 옆으로 굴러
알밤 몇 톨이 삐져 나왔다.
버스 바닥에 떨어진
알밤을 주우려고
할머니가 몸을 일으키자
버스기사가 큰소리로 말했다.
할머니 위험해요. 가만히 계세요!
이따 제가 주워 먹을게요.
버스 안은 이내 웃음 바다가 되었다.
할머니도 겸연쩍은 듯 배시시 웃었다.
할머니는 버스에서 내릴 때
보따리를 풀어 알밤 한 웅큼을 꺼내
버스기사에게 주었다.
버스기사 얼굴에는
금세 함박 웃음꽃이 피었다.

바다

바다는 늘 잠들지 않고 깨어 있어요.
바다는 잠시라도 가만히 있질 못해요.

바다 위에서 출렁이는 물결은
넓고 넓은 바다 위에
크고 작은 무늬들을
수도 없이 만들어 놓지요.

바람이 일렁일 때마다
물결들이 출렁이며 바다 위에
참 아름답고 고운 무늬들을 만들어요.

바다 위에 떠있는 햇살들이
바다 위로 우르르 쏟아져 내리면
은빛 비늘들이 반짝거리며
바다 위로 막 튀어 올라요.

그런 바다를 닮아서 인지
바다 속에 사는 물고기들도
은빛 비늘을 달고 있어요.

파도가 하는 말

파도는
아주 먼 바다에서
비릿한 바다 내음을
몰고 온다.

파도는
먼 바다에 버린 쓰레기들을
바닷가로 몰고 와
사람들에게 치우라고 한다.

파도는
사람들이 다녀간
상처 난 갯벌바닥을
토닥여주며
상처를 아물게 해준다.

《작품 해설》

일상의 삶에서 찾아내는 작은 울림

박 천 호(시인)

필자와 시인과는 일면식도 없는 사이다. 하지만 같은 대학, 같은 대학원에서 동문수학했고, 교직에 종사하고 있다는 인연으로 작품에 대한 이야기를 나누게 되었다. 옷자락만 스쳐도 전생의 깊은 인연이라 했거늘 한 시인의 고뇌에 찬 시를 여러 편 되새길 수 있게 되었으니 이는 참으로 깊은 인연이 아닐 수 없다. 사실 시인끼리 얼굴을 대면하여 서로의 작품에 대한 이야기를 나누는 것도 의미가 있지만, 이렇게 낯선 시인의 작품을 지면을 통해 마주하여 그 내면의 세계로 빠져들 수 있는 것도 나름대로 의미 있는 일이 아닐 수 없다.

흔히 우리는 그리움의 원천을 고향이나 어머니로 일컫는다. 고향은 어느 누구에게나 영원한 마음의 안식처이며, 어머니는 이 세상 모두에게 생명의 근원이기 때문이다. 그런

점에서 박시인의 시는 아릿한 추억이 담겨있는 고향과 이름만으로도 가슴 설레는 어머니, 풋풋한 어린 시절의 기억들을 간직하며 한 장의 빛바랜 사진처럼 우리에게 다가온다.

박시인은 특히 객관적인 사물의 묘사나 이미지를 즐겨 사용하고 있다. 이는 많은 여류시인들이 간직하고 있는 섬세함과 다정다감한 인간성에 연유하고 있다고도 하겠다. 박시인은 이런 일상의 자잘한 울림을 통해 독특한 자기만의 세계를 구축하고 있다. 그간 시의 효용성에 대해서는 많은 의견이 대두되고 있지만, 여하튼 폭넓은 독자층의 공감대를 형성하기 위해서는 허황되고 공허한 소재들보다는 우리의 삶에서 우러난 내밀한 이야기를 진솔하게 그려내는 것이 중요하다고 생각된다.

1. 그리움의 원천

시골 집 안마당
유실수라고는
감나무 딱 한 그루뿐인데
어머니는 아침마다
감꽃 잎 떨어진 마당을 쓸며
감나무를 올려다보곤 하셨다.

가을이 되자
샛노랗게 익은 감들을
긴장대로 조심조심
깨지지 않게 따서

하루 종일 감 껍질을 깎고 또 깎아
바람과 햇볕 불러 모아
채반 위에서 곶감이 될 때까지
수십 번을 토닥여
오남매에게 고루 나눠 주셨다.

어머니 굳은 손바닥처럼
납작납작 단단하게 마른 곶감
한입 베어 물면
어머니 손끝 정성이
목젖까지 우러난다.
말랑말랑 잘 굳은 곶감 속에는
어머니의 가을이 숨어 있다.
— 「어머니의 가을」 전문

누군가 그립다는 것은 우리가 살아있다는 증거다. 사람들의 가슴속에는 누구에게 털어놓을 수 없는 그리움의 대상이 있게 마련이다. 시인은 고향집 마당에 남아있는 감나무를 통해 어머니를 유추해 내고, 그 어머니를 통해 가족에 대한 애틋한 그리움을 기억해 내고 있다. 시인은 고향집 마당—감나무—어머니—오남매라는 연결고리를 통해 그리움이라는 명제에 도달하고 있는 것이다.

바닷가 모래밭을 거닐다 돌아오면
바다는 늘 내 마음 속에 들어와 있었다.
내 마음바다 한복판 가득
바닷물이 출렁거리고
숱하게 밀려들어 넘실거리는
고뇌의 파도를 막기 위해

상념의 모래성을 겹겹이
쌓고 또 쌓는다.
거대한 파도가 밀려와도
무너지지 않을 것을 믿으면서
그러나 내 마음의 바다에
쉬임없이 일렁이는
그리움의 파도는 어찌할 수 없었다

— 「마음의 바다」 전문

이 시에서 바다는 화엄(華嚴)과 다를 바 없다. '전체가 하나 속으로 들어 와 있고, 하나가 전체 속으로 투영되어 있다.'는 「화엄(華嚴)」은 바다와 모래성의 관계로 유비(類比)된다. '마음의 바다'와 '상념의 모래성'은 생명의 내적 연관성에 관한 인식의 문제로 보아야 한다. 여기서 생명은 단순한 살아 있음이 아니라 타인과의 교류를 통해 존재하는 것을 의미한다. 따라서 '바다'는 '그리움'을 포함하고 있으며, 이것은 삶을 개별로 보지 않고 개체와 개체 사이의 유기적 관계로 생각하며 이 모든 관계는 생명의 관점으로 연결된다.

2. 여성 특유의 맛깔스러움

사람들은 미지의 세계를 알고 싶어 여행을 한다. 가능하면 이곳저곳을 많이 여행하며 견문을 넓히고 자신만의 추억을 간직하기도 한다. 또한 시인의 맛깔스런 언어로 빚은 시는 시집을 통해서 세상에 엄숙하게 탄생된다. 시인에 있어서 시집은 엄청난 고통을 감내한 분신이며 존재의 이유라고 할 수 있다. 시가 서랍 속 원고지 안에 머물거나, 컴퓨터 속 파일로 내재 되어 있을 때는 태아가 어머니 뱃속에 들어있는 것과도 같다. 따라서 잉태의 길고도 간절한 시간을 견뎌낸 후, 우렁찬 울음소리를 내며 새 생명이 탄생하듯 시도 시집을 통해 진정한 울림의 목소리를 내는 것이다.

옛말에 '구슬이 서 말이라도 꿰어야 보배'라는 말이 있다. 결국 시는 시집을 통해 세상에 나올 때 비로소 작품으로서의 존재 가치와 새생명을 얻으며 태어나는 것이다.

이튿날 아침
외도행 배를 타기 위해
거제도 여관에서
네 사람이 한 방에 묵었다.

하룻밤을 자야 하는데
어쩐 일인지 무당벌레들이
방안에 파리떼처럼 널려 있었다.
무당벌레들은
방바닥에도 천장에도, 문틈에도
바짝 달라 붙어있었다.

무당벌레를 잡으려 하면
꼼짝도 하지 않고 죽은 척을 해
등껍질을 살짝 건드려 보았다.
무당벌레는 위기의식을 느꼈던지
다리 관절사이에서
노란 액체를 뿜어내었다.

스컹크처럼 내뿜는 냄새가
아주 고약했다.

새끼손톱보다도 더 작은 무당벌레가
제 몸을 보호하기 위해
무던히 애를 쓰는 모습이
너무도 애처롭다.

— 「무당벌레」 전문

시인의 촉각은 하루 스물 네 시간 사방 팔방으로 촉수를 내밀어 사물을 관찰하고 분석한다. 따라서 시인의 레이더에는 어떤 미세한 움직임도 쉽게 빠져나갈 수 없다. 어디 그뿐이랴. 시인의 오감 레이더는 눈에 보이지 않는 사물의 내면까지도 간파한다. 그래서 보이지 않는 세상, 느끼지 못하는 마음까지도 포착되어 시어로 재탄생된다.

3. 명상과 여행을 통해 찾는 자아

시는 시인의 정신적 세계를 언어로 표현한다고 할 수 있다. 시인은 차마고도(茶馬古道)의 수행자처럼 고독한 명상을 통해 자신만의 정신세계를 구축한다. 누구나 여행을 통해 낯선 곳에 가서 낯선 풍경을 만나면 새로운 생각과 시상들이 떠오르게 마련이다. 하지만 시인은 그 생각과 시상을 그냥 흘려보내지 않고 자신만의 상상의 끈에 연결시킨다.

5일 동안 예비감식을 마치고
6박 7일 단식명상을 하기 위해
배낭을 꾸렸다.
불필요한 물건들을 줄이고 줄여
꼭 필요한 짐만 배낭에 넣었는데도
한 짐 꽉 찼다.
이참에
지금까지 나를 억눌러온 많은 걱정거리들을
단식명상에 다 날려 보내자며
마음속의 짐도 주섬주섬 챙겼다.

일주일 동안 먹을 것을 참아내며
하루 종일 가부좌하고 앉아 명상을 하자
마음속에 켜켜이 쌓여있던 고민들이
하나둘씩 떨어져 나갔다.

며칠간의 단식명상을 통해
몸과 마음이 지칠 대로 지쳐 있었지만
나는 분명 내 몸이 새벽녘 여명처럼
희미하게 밝아지는 것을 온몸으로 느꼈다.

— 「단식명상」 전문

우리네 삶은 결코 만만치 않다. 작품 〈단식명상〉은 과묵하게 고독을 즐기는 시인의 소박함이 묻어난다. 젊은 사람들에게는 시간이 더디고 느리게 가는 것 같지만 중년의 나이가 되면 시간은 성큼성큼 우리들을 앞서 나간다. 어쩌면 아쉽게 지나가 버린 시간만큼 허무함으로 다가오지만, 그것은 일상의 삶을 여과시킨 투명한 새벽 여명으로 느껴지기도 하는 것이다.

수리치 나물이 많이 자생하여
수리치골이라는 이름이 붙여졌다는
깊은 계곡 끝자락에
수리치골 성지가 자리 잡고 있었다.

지금은 평화롭게
산새들이 날아와 나그네를 반겨주며
졸졸 흐르는 계곡물 소리 사이로
히끗히끗 잔설이 남아 있다.

천주교 박해를 피해
깊은 산속으로 숨어들어온 곳
수리치골 성지
기도와 찬송으로 충만했던 그 자리
긴박했던 그 때 그 시간의
발자취를 더듬으며
수리치골 성지를 오르는
발걸음이 왠지 훤해진다.

— 「수리치골 성지」 전문

우리는 종종 나이를 먹으면서 자신이 걸어 온 길을 되돌아보게 된다. 그리고 한편으로 바쁘게 살아온 여정에 대해 회의와 절망을 느끼기도 한다. 또한 죽음에 대한 불안과 공포심도 갖게 된다. 결국 절대적 구원이 가능한 종교적인 힘에 의지하게 되고, 시풍도 바뀌게 되는데, 〈수리치골 성지〉는 이런 관점에서 시인의 고뇌가 드러나는 작품이라고 하겠다.

오랫동안 서가에 꽂혀 있던 책들 중

일부 책들을 서가 밖으로 내몰았다.
모두 몇 십년 전 애써 돈을 들여
사들인 책들이지만
지금은 나이가 많이 들어 내 눈 밖에 난
이른바 고아들이다.
서가에 꽂혀 있어도 일 년 내내
한 번도 눈길이 가지 않는 책들은 모두 고아다.
작가들이 잠 못 이루고
영혼을 불살라 집필한 책들이기에
책들에게 미안하다, 작가에게 미안하다.
한 때는 귀하게 여겼던 책들이지만
새로 돈을 들여 신간 서적들을 사들이면서
더러 한 쪽 귀가 떨어져 나가고
더러 표지가 우중충해진 책들은
더 이상 서가에 꽂아 둘 공간이 없다.
어떤 땐 내 몸의 일부처럼
소중히 느껴졌던 책들을
차마 버릴 수 없어
서가 밖 한 쪽 벽에 층층이 쌓아 놓았지만
날이 갈수록 점점 버려지는 책들이
늘어나는 사실을
지켜보는 일도 가슴 아픈 일이다.
이젠 버려진 책들을 따로 보관하기 위해
베란다에 도서 고아원이라도
하나 차려야 할까 보다.

— 「책들에게 미안하다」 전문

필자가 읽은 박시인의 시 중에서 기억에 오래 남는 시이다. 흔히 겪는 자잘한 일상을 놓치지 않고 작품으로 엮어 내는 솜씨가 돋보인다. 사람들은 자기가 쓰던 물건이 낡고 쓸모가 없으면 아무런 죄의식 없이 버리고 한다. 그런데

박시인은 책 한권을 버릴 때에도 미안한 생각을 갖고 버린다는 것이다. 이는 책을 아끼고 책을 가까이하는 시인으로서 당연히 해야 할 책무이기도 하지만 쉽지 않은 일이기도 하다.

박선희 시인의 시평을 마무리하며 시를 쓰면서 자못 간과하기 쉬운 안도현 시인의 말 한마디를 사족으로 내민다.

「무릇 시인이란 감정의 물결을 슬기롭게 조절하면서 헤쳐 나갈 줄 알아야 할 터이다. 시란 깊은 강물 위의 노젓기와 같아서 감정을 밀었다가 당기고 당겼다가 미는 데서 그 묘미를 찾을 수 있을 것인데, 앞으로도 뒤로도 가지 못하고 한 자리에 뱅뱅 도는 시는 나를 슬프게 한다. 앞으로 나아가야 뒤가 보이고, 뒤로 물러서야 앞이 보이는 법 아니겠는가.」

박시인은 평범한 삶속에서 철학적으로 사유하며 기교를 부리지 않는 점이 돋보인다. 자잘한 일상의 삶속에서 나름대로 풀어헤치는 자신만의 서정세계를 구축하고 있다. 시인의 시선이 머문 자리는 그 깊이가 결코 얕지 않다. 많은 시간이 흘러도 마르지 않는 깊은 샘물처럼 시인의 시도 맑고 감칠맛 나는 물맛을 내며 갈증을 느끼는 많은 독자들의 가슴을 훙건하게 적셔주길 기대해본다.

어머니의 가을

박선희 시집

발 행 일 | 2011년 4월 22일

지 은 이 | 박선희
발 행 인 | 李憲錫
발 행 처 | 오늘의문학사
출판등록 | 제55호(1993년 6월 23일)

주 소 | 대전광역시 동구 삼성1동 125-6 한밭오피스텔 401호
전화번호 | (042)624-2980
팩 스 | (042)628-2983
홈페이지 | http://www.lito77.co.kr(홈페이지)
전자우편 | hs2980@hanmail.net

ISBN 978-89-5669-429-0
값 7,000원